KOMMISSAR SCHLAUFUCHS

Other titles by the same author:

Zeitmosaik - A course in German conversation skills
ISBN 0 7175 0780 7
ISBN 0 7175 0854 4 Cassette with Teacher's Notes

Hören, lesen und schreiben
ISBN 0 7175 0850 1 Pupil's Book
ISBN 0 7175 0851 X Pupil's Book with Teacher's Section
ISBN 0 7175 0894 3 Cassette

All the above are published by Hulton Educational Publications

KOMMISSAR SCHLAUFUCHS

Gisela Cumming
illustrations by John Edwards

Hulton Educational Publications

ISBN 0 7175 0869 2

First published 1981 by Hulton Educational Publications Ltd., Raans Road, Amersham, Bucks. HP6 6JJ.

Printed and bound in Great Britain by Richard Clay (Chaucer Press) Ltd, Bungay, Suffolk

Introduction

Kommissar Schlaufuchs consists of ten detective stories in which the pupils are asked to find the murderer or to solve the mystery themselves. The solutions are, however, provided at the back of the book.

This book will give enjoyable and stimulating practice in reading and comprehension for pupils following CSE and GCE courses. Each story is followed by comprehension questions in English and German, and by exercises which revise a grammatical point or provide practice in writing German. Role-playing is also included. The illustrations which appear throughout the book may in addition be used for picture description.

The language work featured in each story is as follows:

1. Prepositions
2. Prepositions
3. Perfect Tense
4. Separable Verbs
5. Imperfect Tense
6. Word Order
7. Past Tenses
8. Future Tense
9. Essay
10. Essay

Contents

Erstes Abenteuer: Der Fleischpudding

Der alte Herr Böhm war in der Nacht vom 4. auf den 5. April plötzlich aufgestanden, war in die Küche gegangen und hatte den Fleischpudding aus dem Kühlschrank genommen. Er hat die Hälfte des Fleischpuddings gegessen. Dann war Joseph Böhm tot.

"So gegen zwei Uhr muß er gestorben sein," sagt der Polizeiarzt zu Kommissar Schlaufuchs. "Im Fleischpudding ist eine große Dosis Gift." Böhms Haushälterin Marianne Redlich ist einem Nervenzusammenbruch nahe. "Ja, ich habe den Pudding gestern morgen gekocht und ihn dann in den Kühlschrank gestellt. Herr Böhm ißt ihn so gern."

"Lebten Sie und Joseph Böhm in diesem Haus allein?" fragt Kommissar Schlaufuchs. Sie nickt. "Dreimal in der Woche kommt ein Mädchen zum Saubermachen und ab und zu ein Gärtner."
Der alte und schwerreiche Herr Böhm hatte kaum Freunde, nur drei Verwandte, die in der Nähe wohnen.
"War gestern jemand hier?"
"Nein."
"Besitzen die Verwandten einen Schlüssel für das Haus?" fragt Schlaufuchs.
Frau Redlich zuckt mit den Achseln.
"Wo waren Sie heute nacht?"
"Im Bett, und ich habe fest bis sieben Uhr geschlafen."

"Haben Sie etwas Verdächtiges gehört?"
"Nein. Die Verandatür zum Wohnzimmer stand heute morgen offen. Aber er machte sie abends oft auf, um zu lüften. Er rauchte viel."
Im Wohnzimmer hatte der alte Herr auch sein letztes Mahl zu sich genommen.
"Stand er oft mitten in der Nacht auf, um etwas zu essen?"
"Nein. Er ging jeden Abend kurz vor Mitternacht ins Bett und stand morgens pünktlich um acht Uhr auf."
Schlaufuchs ruft am Nachmittag die Verwandten an und sagt allen dreien:
"Herr Böhm hat einen Fleischpudding gegessen und ist daran gestorben. Vielleicht war Gift darin..." Mehr sagt Schlaufuchs nicht.

Herr Böhms Vetter, Hugo Lau: "Ich komme sofort. Ich wohne in einem anderen Stadtteil, aber ich bin bald da. Sind Sie von der Polizei? Das kann nur schlechtes Fleisch gewesen sein. Die gute Frau Redlich hat meinen Vetter bestimmt nicht vergiften wollen. Und wer, bitte, sollte Gift in das Essen getan haben? Ist nachts denn jemand ins Haus gekommen, der das Gift in den Pudding getan hat? Nein, das glaube ich nicht."
Gerda Gerber, eine Nichte: "Ich bin in einer halben Stunde da. Ich wohne ganz in der Nähe. Sagten Sie Fleischpudding? Den ißt er nämlich sehr gern. Ist da nicht Whisky drin oder Rum? Übrigens Onkelchen hat manchmal ein bißchen zu viel getrunken. Giftmord? Nein, es war bestimmt das Herz."
Rita Springer, die zweite Nichte: "Ich habe es ja gewußt. Frau Redlich ist hintel Onkels Geld her. Sie bekommt nämlich viel Geld nach seinem Tod, und das konnte sie wohl nicht abwarten. Und deshalb hat sie

Gift in die Fleischpastete getan. Ich mochte sie nie leiden."
Bevor die Verwandten kommen, sagt Schlaufuchs: "Jemand ist mir sehr verdächtig."

FRAGE: Wen meint Schlaufuchs und warum?

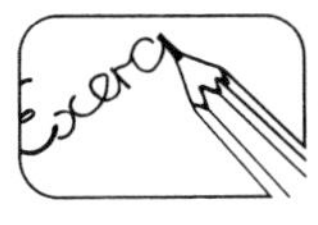

Exercises: Comprehension and Prepositions

A *Answer the following questions:*

1. What did Mr. Böhm do during the night?
2. Why is his housekeeper on the brink of a nervous breakdown?
3. Did he have much contact with the outside world?
4. What did Mrs. Redlich notice in the morning and why was that not unusual?
5. What, in the opinion of his relatives, could have been the likely cause of Mr. Böhm's death? State the opinion of each relative.

B *Beantworten Sie die folgenden Fragen:*

1. Wann war der alte Herr Böhm aufgestanden?
2. Wohin war er gegangen?
3. Wohin hatte die Haushälterin den Pudding gestellt?
4. Wo wohnten die Verwandten von Herrn Böhm?
5. Wo war die Haushälterin in der Nacht?
6. Wo hatte Herr Böhm sein letztes Mahl gegessen?
7. Wo wohnt Hugo Lau?

8. Wann wird Gerda Gerber im Haus ihres Onkels sein?
9. Wann bekommt die Haushälterin viel Geld von Herrn Böhm?

C *Complete the sentences below, using appropriate prepositions followed by direct or indirect object endings:*

1. Herr Böhm hatte das Fleisch – – Kühlschrank genommen.
2. Herr Böhm und die Haushälterin lebten – – Haus allein.
3. Dreimal – – Woche kommt ein Mädchen – Saubermachen.
4. Die Verwandten besitzen einen Schlüssel – – Haus.
5. Die Haushälterin zuckte – – Achseln.
6. Die Tür – Wohnzimmer war offen.
7. Kommissar Schlaufuchs ist – – Polizei.
8. Wer hat Gift – – Essen getan?
9. Ist nachts denn jemand – Haus gekommen?

D *Replace the italic words in the sentences below with one word:*

Example: Herr Böhm ist ***an dem Fleischpudding*** *gestorben.*
Herr Böhm ist ***daran*** *gestorben.*

1. Gift war *in dem Fleischpudding.*
2. Die Verwandten besitzen einen Schlüssel *für das Haus.*
3. Sie bekommt viel Geld *nach seinem Tod.*
4. Er hat *von der Pastete* gegessen.
5. Das Mädchen hilft *beim Saubermachen.*
6. Der Vetter glaubt nicht *an einen Giftmord.*

Role Playing

Herr Hannen, who lives alone, is very ill. The doctor asks a neighbour a few questions about him.

ARZT begins	NACHBARIN replies
Ask if Herr Hannen lives alone in the house.	Say his wife died two years ago.
Ask if Herr Hannen has a housekeeper.	No, but a girl comes twice a week to clean the house.
Ask when Herr Hannen goes to bed at night and when he gets up in the morning.	Tell the doctor that he goes to bed shortly before midnight and that he always gets up at 8 o'clock.
Ask how she knew that Herr Hannen was ill.	Say that Herr Hannen phoned her.
Ask if Herr Hannen has any relatives who live nearby.	Say there is a daughter. She will be here in half an hour.

sche Bank

Zweites Abenteuer:

Das Versteck

Heute morgen um zehn Uhr dreißig überfielen vier maskierte Männer eine Bankfiliale in der Innenstadt und raubten 250 000 DM. Drei von ihnen entkamen mit dem Geld in einem blauen BMW, aber der vierte, Erwin Hauke, stolperte, als er rückwärts aus dem Kassenraum ging. Da sprangen zwei Bankbeamte auf ihn, nahmen ihm die Pistole aus der Hand und hielten ihn so lange fest, bis die Polizei eintraf.

Erwin Hauke war wütend auf seine Kameraden, weil sie ihn im Stich gelassen hatten, und er verriet den Polizisten das Versteck der Bande. "Unser Versteck ist in einem modernen Wohnblock vor der Stadt. Dort haben wir eine Wohnung im dritten Stock."

Ein Streifenwagen fuhr sofort los, und es gelang den Polizisten, die drei Bankräuber festzunehmen. Aber von dem Geld war keine Spur. In dem gleichen Hochhaus wohnte Fritz Bonze, ein 'alter Freund' von Kommissar Schlaufuchs. Wohnte er nur 'zufällig' da? Sicherheitshalber nahmen die Polizisten ihn mit.

"Ich bin schon seit Jahren ehrlich, Herr Kommissar," sagte Fritz Bonze zu Kommissar Schlaufuchs. "Ich habe mit der Sache bestimmt nichts zu tun. Sie wissen ja, für Bankraub habe ich mich nie interessiert."
"Na, dann erzählen Sie mal, was Sie wissen," forderte Kommissar Schlaufuchs ihn auf.

"Ich wohne schon seit einem Jahr in dem Hochhaus,

Herr Kommissar. Gestern sah ich, wie vier Männer in die Wohnung neben mir gingen. Das sind die neuen Mieter, habe ich gedacht. Heute morgen, so kurz nach elf Uhr, habe ich den Müll nach unten gebracht. Die Mülltonnen stehen auf der Straße bei den Garagen. Da ist der blaue BMW mit großer Geschwindigkeit die Straße entlang gekommen und in eine der Garagen gefahren. Da ist etwas nicht in Ordnung, habe ich gedacht und bin schnell in meine Wohnung zurückgegangen. Ein paar Minuten später kamen auch die Männer herauf und verschwanden in der Nachbarwohnung.
Die Wände sind nicht sehr dick. Ich legte mein Ohr an die Wand und horchte. Ich konnte sie ganz gut hören: 'Wir lassen die Plastikbeutel mit den Banknoten am besten hier im Versteck und holen sie in den nächsten Tagen ab.' – Der andere sagte: 'Und wenn Erwin uns an die Polizei verrät?' – 'Das macht er nicht, er hat viel zu viel Angst vor dem Boß.'
Was ist hier los? dachte ich. Da hörte ich in der Ferne die Sirene von einem Streifenwagen. Na, die drei sind vielleicht davongerannt! Als ich aus dem Fenster schaute, sah ich gerade, wie sie in den Wagen sprangen und losfuhren. Dann stoppte sie der Streifenwagen. So, das andere wissen Sie ja."

"Die Burschen hatten das Geld nicht bei sich," fuhr der Polizeiwachtmeister fort. "Wir durchsuchten die Wohnung im dritten Stock. Wir schauten unter die Betten, in die Schränke, hinter die Bilder. Unsere Spezialisten nahmen die Teppiche auf und klopften die Wände ab, aber sie fanden nichts. Wir durchsuchten Fritz Bonzes Wohnung. Wir fanden nichts, nicht einmal eine einzige Banknote, nichts im Treppenhaus, nichts im Garten, nichts in den Garagen.

Auf die Straße haben die Bankräuber das Geld auch nicht geworfen. Wir sahen ja, wie sie losfuhren. Ich glaube, Fritz Bonze weiß bestimmt ..."

"Mag sein," erwiderte Kommissar Schlaufuchs. "Aber irgendwie glaube ich dem Fritz. Vielleicht, Herr Kollege, haben Sie das Versteck einfach übersehen. Ich weiß, wohin *ich* das Geld getan hätte ..."

FRAGE: An welches Versteck denkt Kommissar Schlaufuchs?

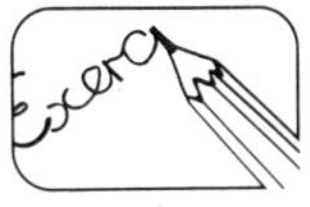

Exercises: Comprehension and Prepositions

A *Answer the following questions:*

1. Describe the bank robbery.
2. How was Erwin Hauke caught by the police, why was he furious and how did he get his revenge?.
3. Why is Fritz Bonze being questioned by the police?
4. What was Fritz doing near the garages on that morning?
5. What happened to the three bank robbers and what places did the police search?

B *Beantworten Sie die folgenden Fragen:*

1. Wo war die Bankfiliale?
2. Womit entkamen die Bankräuber?
3. Wo ist das Versteck der Bande?
4. Wo wohnt Fritz Bonze?

5. Womit hat er nichts zu tun?
6. Wofür hat er sich nie interessiert?
7. Seit wann wohnt Fritz im Hochhaus?
8. Wo stehen die Mülltonnen?
9. Wo wollen die Bankräuber die Plastikbeutel mit den Banknoten lassen?
10. Wann wollen die Männer das Geld aus dem Versteck holen?
11. Wo fanden die Polizisten das Geld nicht?

C *Complete the sentences below, using appropriate prepositions followed by direct or indirect object endings.*

1. Er ging rückwärts -- Kassenraum.
2. Sie nahmen ihm die Pistole -- Hand.
3. Erwin war wütend -- Kameraden.
4. -- Geld war keine Spur.
5. Die Männer verschwanden -- Nachbarwohnung.
6. Er legte sein Ohr -- Wand.
7. Fritz hörte -- Ferne die Sirene -- Streifenwagen.
8. Als er -- Fenster schaute, sah er wie die Männer -- Wagen sprangen.
9. Die Polizisten durchsuchten die Wohnung - dritten Stock.
10. Die Polizisten schauten -- Betten, -- Schränke, -- Bilder.

D *Complete the sentences below, choosing one of the words given in each box.*

1. Die Bankräuber fuhren in [der / die] Innenstadt.
2. Die Polizisten gingen in [einem / einen] modernen Wohnblock.

3. Sie suchten das Geld im / ins Treppenhaus.
4. Die Männer sprangen in dem / den Wagen.
5. Die Polizisten saßen in einem / einen Streifenwagen.

Role Playing

After a bank raid a policeman asks Frau Weber, who lives near the bank, a few questions.

POLIZIST	FRAU WEBER
Ask how long she has been living in the block of flats.	Say that you have been living here for a year.
Ask what she was doing at eleven o'clock this morning.	Say you were carrying the rubbish down.
Ask how many men she saw.	Say you saw three men and that they were masked.
Ask what kind of car they had.	Say it was a black Mercedes.
Ask if they drove along 'Berliner Straße'.	Say yes, they drove at high speed and you hope the police will soon arrest them.

Drittes Abenteuer:

Ein frecher Kerl

Josef Trinkhaus arbeitete als Chauffeur und Gärtner für den alten Herrn Heinrich Wismann. Aber Josef trank leider, und wenn er zu viel getrunken hatte, dann fluchte er, und er klaute auch. Früher hatte er meistens Bier oder Schnaps oder manchmal auch Zigarren geklaut. Aber vor vier Wochen hatte er dem alten Herrn Wismann Geld aus dem Schreibtisch gestohlen. Außerdem hatte er ihm einen ganz frechen Brief in die Schreibtischschublade gelegt. Herr Wismann ließ Inspektor Minke rufen.

"Ich möchte nicht, daß die Polizei sich in die Sache einmischt," sagte Herr Wismann, "obwohl Josef mir eine ziemlich große Geldsumme gestohlen hat. Natürlich kann ich den Kerl nicht länger behalten, und ich habe ihm gestern gekündigt. Aber Josef ist frech. Ich will keinen Ärger haben, deshalb habe ich Sie als Zeugen gerufen. Hier ist Josefs Brief. Lesen Sie ihn selbst."

> Sie alter Geizhals!
>
> Ja, ich war's ich habe das Geld genommen.
> Und warum? Weil Sie uns so schlecht bezahlen,
> weil Sie ein ganz groBer Geizhals sind!
> SchlieBen Sie Ihr Geld in Zukunft lieber weg.
>
> Ihr Josef Trinkhaus

“Nachdem ich den Brief gelesen hatte, habe ich sofort mit Josef gesprochen,” berichtet Inspektor Minke Kommissar Schlaufuchs. Josef war wieder betrunken. Er hat den Diebstahl gleich zugegeben, und auf den Brief ist er sogar richtig stolz gewesen.”

“Ja und?” fragt Kommissar Schlaufuchs ungeduldig. “Worum geht es denn jetzt?”

“Gestern nacht ist Josef wieder bei Herrn Wismann eingebrochen und hat ihm seine wertvolle Münzsammlung gestohlen. Herr Wismann hat es heute morgen bemerkt und mir den Diebstahl gemeldet. Nun müssen wir den Josef finden. Aber das ist ein Kinderspiel. Da brauchen wir nur systematisch alle Kneipen und Gasthäuser zu durchsuchen.”

“Waren die Münzen sehr wertvoll?” fragt der Kommissar.

“Ich verstehe wenig davon. Herr Wismann jedoch ist ein sehr intelligenter und gebildeter Mann. Er hat gesagt, es waren sehr seltene und kostbare Münzen darunter. Er hat die Versicherung erst vor drei Tagen erhöht. Aber es geht ihm nicht ums Geld, sondern um die Sammlung.”

“Woher wissen Sie aber, daß Josef die Münzen gestohlen hat?” fragt Schlaufuchs.

“Der Josef war so dämlich und hat wieder einen Brief geschrieben. Ich glaube, auch ihm ging es nicht so sehr ums Geld, sondern er wollte sich an seinem früheren Boß rächen. Hier ist sein zweiter Brief:

Sie alter Mammonsdiener!

Warum haben Sie Ihre geliebten Münzen nicht ins Safe deponiert? Dann hätte ich sie doch nicht bekommen! Ich bin doch kein professioneller Dieb, nur manchmal ein Kleptomane.

Ihr Josef Trinkhaus

"Ich habe die beiden Briefe verglichen," fährt der Inspektor fort.
"Es ist das gleiche gelblich-weiße Papier, und Josef hat sie beide auf Herrn Wismanns Schreibmaschine geschrieben. Sehen Sie, der Buchstabe 'S' ist beschädigt."

Kommissar Schlaufuchs wundert sich über die Worte: Mammon, Safe, deponiert, professionell, Kleptomane.

"Die Sache ist ganz klar. Wir werden den frechen Kerl leicht finden. Hier habe ich ein Foto von ihm."

"Wen meinen Sie mit 'frechem Kerl', Josef oder Herrn Wismann?" fragt Kommissar Schlaufuchs. Ich habe nämlich den Verdacht, daß der feine und gebildete Herr Wismann die Münzen selbst gestohlen hat. Mir sind da zwei Sachen aufgefallen."

FRAGE: Welche zwei Sachen sind dem Kommissar aufgefallen?

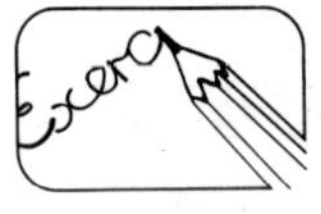

Exercises: Comprehension and Perfect Tense

A *Answer the following questions:*

1. What do you hear about Josef's character?
2. What happened four weeks ago?
3. How did Mr. Wismann react to this event and why did he call the police?
4. What was Josef's reason for taking the money?
5. Which other crime was committed?
6. Compare the two letters. In which ways are they similar? Do you notice any differences?

B *Beantworten Sie die folgenden Fragen:*

1. Wann fluchte und klaute Josef manchmal?
2. Was hatte Josef aus dem Schreibtisch gestohlen?
3. Was hat Herr Wismann mit Josef gemacht?
4. Wen hat Herr Wismann als Zeugen gerufen?
5. Warum hat Josef das Geld genommen?
6. Worauf ist er richtig stolz gewesen?
7. Wer ist gestern bei Herrn Wismann eingebrochen?
8. Wann hat Herr Wismann den Diebstahl bemerkt?
9. Wann hatte er die Versicherung erhöht?
10. Wieviele Briefe hatte Josef an Herrn Wismann geschrieben?
11. Was für einen Verdacht hat der Kommissar?

C *You have been asking your friend what he has done in the past week.*

His answers are written out below. Make up your questions, using the ***perfect tense.***

Example: ***Hast*** *du am Montag einen Brief an deine Eltern* ***geschrieben?***
Am Montag schreibe ich immer einen Brief an meine Eltern.

1. ......
   Am Montag schreibe ich immer einen Brief an meine Eltern.
2. ......
   Am Dienstag gehe ich oft ins Kino.
3. ......
   Am Mittwoch bin ich meistens zu Hause.
4. ......
   Am Donnerstag rufe ich regelmäßig Monika an.
5. ......
   Am Freitag trinke ich oft ein Glas Bier im "Schloßhotel".
6. ......
   Am Samstag fahre ich immer in die Berge.
7. ......
   Am Sonntag esse ich meistens im französischen Restaurant.

D *Rewrite the following passage, using the* ***perfect tense****:*

Am Samstag abend bricht ein Dieb in den Supermarkt ein. Er stiehlt Brot, Wurst und Käse und nimmt auch drei Flaschen Bier mit. Er schreibt alles auf ein Stück Papier. Dann geht er in den Park und trinkt das Bier sofort. Er singt so laut, daß es einem Polizisten auffällt. Der geht zu dem Mann und spricht lange mit ihm. Der Landstreicher gibt den Diebstahl gleich zu und geht dann mit zur Polizeiwache.

Role Playing

Frau Zimmer has dismissed her home help, Mathilde. Her husband wants to know why.

HERR ZIMMER	FRAU ZIMMER
Ask where Mathilde is.	Say you have dismissed her.
Ask why.	Say because she steals.
Say you knew that she often steals cigarettes and bottles of wine.	Say that yesterday she stole a considerable sum of money.
Ask where the money was.	Say in the drawer of the desk.
Ask if Mathilde has admitted the theft.	Say she was very rude and said we don't pay her enough.

Viertes Abenteuer:

'Kokoschka' ist verschwunden

Kommissar Schlaufuchs geht zu der Galerie des Kunsthändlers Tobias Blumenthal, um sich die Ausstellung "Kunst des 20. Jahrhunderts" anzusehen. Aber er kommt zu spät. Die Ausstellung ist zu Ende, und Herr Blumenthal hat die meisten Bilder an den Louvre in Paris, die Tate Gallery in London und das Museum für Moderne Kunst in Amsterdam zurückgeschickt.

Herr Blumenthal begrüßt den Kommissar. Er ist sehr nervös. "Heute mittag hat mir jemand einen 'Kokoschka' gestohlen und zwar 'Die Towerbrücke in London'. Aber vielleicht war es kein echter 'Kokoschka', sondern eine Fälschung."

"Dann erzählen Sie mal von Anfang an," sagt Kommissar Schlaufuchs.
"Was ist geschehen?"

"Vor zwei Wochen war ich auf einer Party, und da habe ich Antonio Marienetti kennengelernt. Er hat Malerei und Kunstgeschichte studiert und scheint ein großer Kenner zu sein. Ich suchte gerade einen Assistenten für meine Ausstellung und habe ihn sofort engagiert. Er hat mir sehr geholfen. Heute morgen wollten wir den 'Kokoschka' einpacken, da hat Marinetti gesagt, daß sei nicht das Original, sondern eine Fälschung. Deshalb behielt ich das Bild zurück, um es einem zweiten Experten zu zeigen. Leider habe ich nicht aufgepaßt. Einer, der an Kunst interessiert

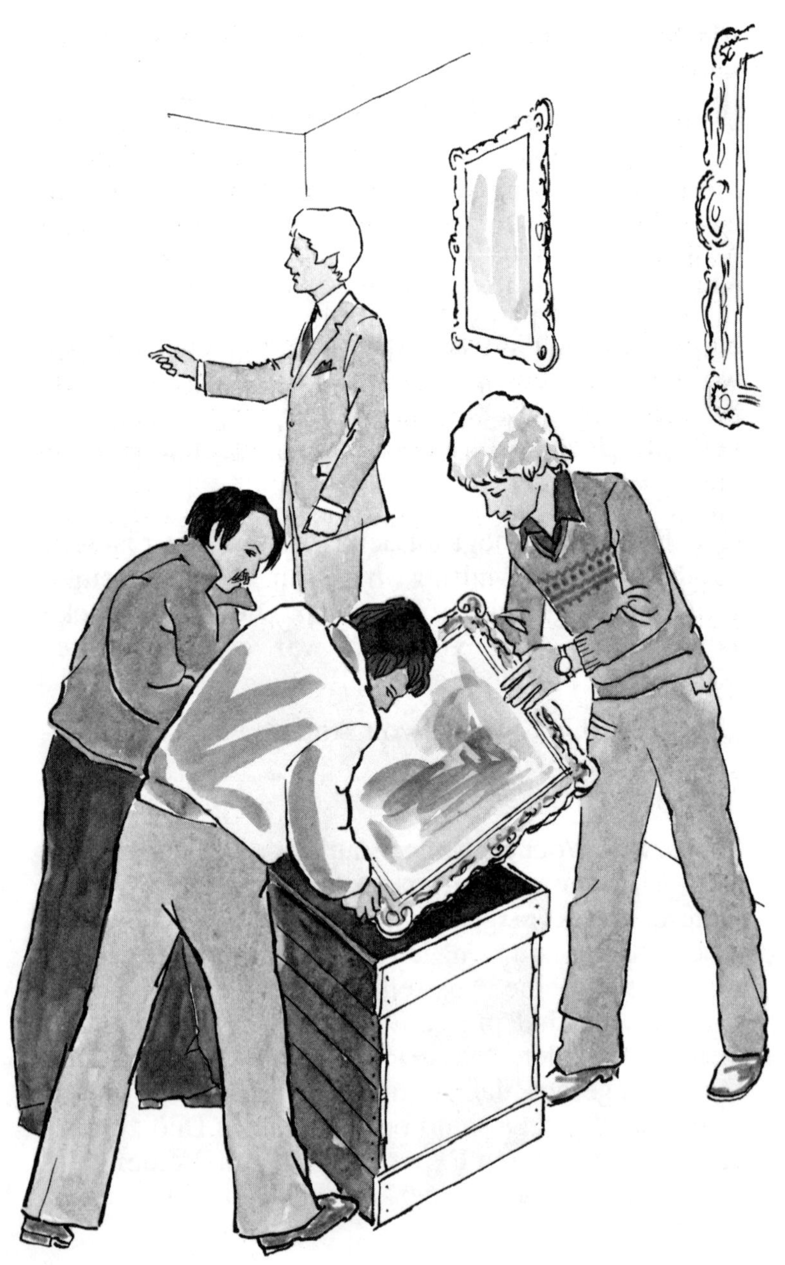

ist, muß es in der Mittagspause herausgetragen haben."

"Haben Sie einen Verdacht?" fragt der Kommissar.
"Ja," sagt Blumenthal, "ich habe da drei Studenten, die die Bilder einpacken. Ich Idiot habe ihnen vor zwei Tagen den Job gegeben. Einer von ihnen oder vielleicht alle drei haben das Bild gestohlen. Nur beweisen kann ich es nicht."

Kommissar Schlaufuchs geht in den Keller hinunter, wo die drei Studenten einige Graphiken einpacken. Sie sehen wie Hippies aus, haben lange Haare und geflickte Jeans. Ein modisch gekleideter Herr in einem eleganten blauen Anzug hält ihnen gerade einen Vortrag: "Kokoschka ist ein Meister der Farben, sein Rot leuchtet so wie Feuer, sein Blau ist das tiefe Blau der See. Er hat viele Maler beeinflußt, zum Beispiel van Gogh und Gustav Mahler und ... Hallo, Herr Blumenthal!"

"Darf ich Ihnen unseren Kunstexperten Antonio Marinetti vorstellen," sagt Herr Blumenthal zu Kommissar Schlaufuchs.
"Entschuldigen Sie, ich unterbreche wohl gerade einen Vortrag über van Gogh und Gustav Mahler!" sagt der Kommissar erstaunt.

Blumenthal und Marinetti gehen die Treppe hoch und lassen den Kommissar mit den Studenten allein. Dieser sieht sich die drei jungen Leute genau an, dann sagt er ihnen ganz offen, daß der 'Kokoschka' verschwunden ist.
Heini M.: "Ich verstehe nichts von Kunst, ich studiere Medizin. Das Bild von diesem ... diesem, wie hieß er gleich noch?"
"Oskar Kokoschka"

"...habe ich nie gesehen. Was war denn darauf? So Vierecke und Kreise?"

Leo W.: "Ich habe das Bild nicht angefaßt. Die beiden anderen haben es die Treppe hochgetragen. Also nein, einen 'Kokoschka' hätte ich bestimmt nicht gestohlen. Den hänge ich mir doch nicht ins Zimmer. Dann schon lieber einen Rubens oder Rembrandt; ja damals im 18. Jahrhundert, da gab es noch Maler! Ich studiere nämlich Kunstgeschichte."

Rudi Z.: "Ich studiere gar nicht, aber ich bin zur Zeit arbeitslos, deshalb habe ich diesen Job genommen. 'Kokoschka', das hätte ich für eine Stadt in Australien gehalten, wenn Sie mich vor zwei Tagen gefragt hätten. Nein, Bilder würde ich nicht stehlen, die kann man nicht so leicht mitnehmen, wie zum Beispiel Juwelen oder Münzen. Blumenthal hat das Bild bestimmt selbst weggetragen, um die Versicherung zu bekommen – der alte Trick."

Kommissar Schlaufuchs schüttelt den Kopf. "Einer von diesen fünf Herren ist ein Schwindler. Er hat zwei schlimme Fehler gemacht."

FRAGE: Wer ist der Schwindler, und welche Fehler hat er gemacht?

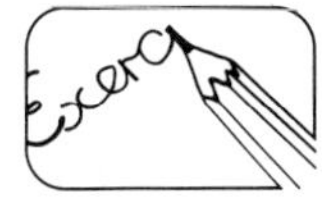

Exercises: Comprehension and Separable Verbs

A *Answer the following questions:*

1. Why does Kommissar Schlaufuchs visit Tobias Blumenthal?
2. How did Marinetti get the job as Blumenthal's assistant?
3. Why did Blumenthal not send back the Kokoschka painting?
4. How are Marinetti and the students occupied when Kommissar Schlaufuchs meets them?
5. Which of the students knows something about art and what does he think?
6. What do the other two know about Kokoschka?

B *Beantworten Sie die folgenden Fragen:*

1. Warum geht Kommissar Schlaufuchs zu der Kunstgallerie?
2. Was hat Herr Blumenthal mit den meisten Bildern schon gemacht?
3. Wo hat Herr Blumenthal Antonio Marinetti kennengelernt?
4. Warum behielt Herr Blumenthal den 'Kokoschka' zurück?
5. Was ist in der Mittagspause geschehen?
6. Wohin geht Kommissar Schlaufuchs, um die Studenten zu treffen?
7. Wie sehen die Studenten aus?
8. Welcher Student hat das Bild nicht angefaßt?
9. Wohin haben die beiden anderen Studenten das Bild getragen?

10. Warum stiehlt Rudi Z. keine Bilder?

C *Dein Freund **ist** gestern **angekommen.***

*Put the following sentences into the **perfect tense.** Note that these are separable verbs.*

1. Mein Freund Peter kommt um 19 Uhr an.
2. Mein Vater und ich holen ihn vom Bahnhof ab.
3. Wir fahren dann nach Hause zurück.
4. Peter lernt meine Geschwister kennen.
5. Peter packt seinen Koffer aus.
6. Nach dem Abendessen sehen wir fern.

D ***Um ... zu***

*Complete the following sentences, using the information in the right hand column which, however, is **not** in the correct order.*

*Example: Peter ist in den Zoo gegangen, **um** sich die Pinguine **anzusehen.***

1. Peter ist in den Zoo gegangen ...	mit ihrem Freund ausgehen
2. Meine Eltern sind zum Flughafen gefahren	deinen Freund kennenlernen
3. Bist du in der Stadt gewesen	Tante Else abholen
4. Ich bin zur Party gegangen	sich die Pinguine ansehen
5. Er brauchte den Schlüssel	das Geschenk einpacken
6. Wir brauchen Papier	einkaufen
7. Sie hat sich so schön gemacht	die Tür aufmachen

Role Playing

Christine tells Renate about her new boy friend.

RENATE	CHRISTINE
Ask her the name of her boy friend.	Say that his name is Werner Ulstein.
Ask where Christine met him.	Say you met him at a party.
Ask if he is still a student.	Say no, but that he read history of art at the university.
Ask where he works now.	Say he works at the art gallery.
Say you will visit the art gallery tomorrow.	Say that tomorrow night he will give a lecture on van Gogh.

2
Niendorf Markt

Fünftes Abenteuer:

Die seltsame Postkarte

Der reiche Bankier August Fugger wohnte in einer Villa am Stadtrand von München. Beim Mittagessen sagte er zu seiner Frau Mathilde: "Ich will nachher mal spazierengehen." Mathilde protestierte: "Nein, tue das nicht, August. Denk an die Drohbriefe! Wenn du frische Luft haben willst, dann geh in den Garten. Auf der Straße werden die Gangster dich bestimmt schnappen."

Tochter Gabriele fügte hinzu: "Mutti hat recht. Es ist viel zu gefährlich. Von diesen drei Privatdetektiven, die dich beschützen sollen, halte ich gar nichts."

August Fugger wurde wütend: "Ich will nicht Gefangener in meinem eigenen Hause sein! Ich will raus! Ich will raus in die Natur, in einen Wald oder an einen See!"

Mathilde und Gabriele sahen sich erschreckt an. Der nächste See war 60 km entfernt. August aber war entschlossen und duldete keine Widerrede. Er konnte manchmal ein richtiger Tyrann sein. Deshalb war er wahrscheinlich auch so erfolgreich als Bankier und hatte Millionen zusammengebracht. Mathilde aber hatte Angst. Ohne Wissen ihres Mannes ging sie zu den Privatdetektiven und erzählte ihnen von seinem Plan.

Am Donnerstag nachmittag gegen 14.30 Uhr verließ August das Haus. Zum Abendessen kam er nicht zurück. Mathilde und Gabriele aßen ohne ihn. Es

wurde Nacht und August war immer noch nicht da. Am Freitag morgen dann, als ihr Mann immer noch nicht zurückgekommen war, rief Mathilde Fugger Kommissar Schlaufuchs an.
Eine Stunde später war der Kommissar bei ihr. Mathilde zeigte ihm eine Postkarte, die der Briefträger soeben gebracht hatte. Darauf stand:

> Liebe Mathilde!
>
> Endlich habe ich Zeit, wie Einstein Geige zu spielen, wie Einstein zu philosophieren.
>
> Viele Grüße
> Dein August

"Es ist die Handschrift meines Mannes," sagte Mathilde. "Aber ich verstehe nicht: 'wie Einstein'? August ist Finanzmann und kein Philosoph, und Geige spielt er auch nicht. Soll das ein Witz sein?"
Kommissar Schlaufuchs sah sich die Karte genau an. Die Briefmarke war gestern in München abgestempelt. Dann verhörte er die drei Privatdetektive.

Udo Weinstein: "Herr Fugger verließ das Haus gestern nachmittag um 14.28 Uhr, ohne uns zu benachrichtigen. Er ging die Maximilianstraße entlang, und ich folgte ihm in einiger Entfernung, damit er mich nicht bemerkte. Ich sah gerade noch, wie er in die Straßenbahn stieg. Ich lief zur Haltestelle, aber zu spät, die Straßenbahn fuhr mir vor der Nase weg. Zum Glück war in der Nähe eine Telefonzelle. Ich ging hinein und informierte Bruno und Hugo."

Bruno Musfeld: "Nachdem Udo uns angerufen hatte, sprangen Bruno und ich sofort in den Wagen und fuhren hinter der Straßenbahn her. Wo würde Herr Fugger wohl aussteigen? Auf gut Glück ging Hugo zur Hauptstraße, und ich parkte das Auto am Bahnhof. Dort sah ich einen Mann in einer grauen Jacke, der den Fahrplan studierte. Er war so groß wie Herr Fugger. Sofort gab ich Hugo über Funk Bescheid. Der Mann ging in ein Zeitungsgeschäft und kaufte eine Ansichtskarte. Er setzte sich auf eine Bank und schrieb die Karte. Da kam Hugo ..."

Hugo Bomberg: "Bruno sagte: 'Da ist er! Dort am Briefkasten!' Ich sah nur sekundenlang einen Mann von hinten, der eine graue Jacke trug. Dann war er in der Menge verschwunden. Wir suchten überall, kontrollierten alle Bahnsteige. Vergebens! Wir fanden August Fugger nicht wieder."

Kommissar Schlaufuchs runzelte die Stirn: "Meine Herren, das war miserable Arbeit. Sie haben geschlafen!" Dann notierte er sich die Namen der drei: Bomberg, Musfeld und Www...einstein, denn dieser stotterte leicht. Schlaufuchs las sich die Postkarte von August Fugger noch einmal durch. Dann sagte er zu Frau Fugger: "Mir fällt da etwas auf ..."

FRAGE: Was ist dem Kommissar aufgefallen?

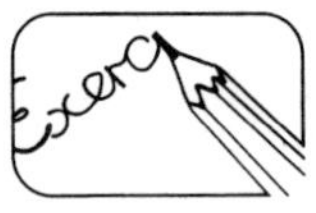

Exercises: Comprehension and Imperfect Tense

A *Answer the following questions:*

1. What did August Fugger say at lunch and how did his wife and children react?
2. Which personal qualities, according to his wife, contributed to his success in banking?
3. Why was Mathilde Fugger puzzled by the message on her husband's card?
4. When did Weinstein lose sight of August Fugger and what did he do then?
5. What was the man that Musfeld saw doing?
6. Where did Bomberg first look for Mr. Fugger, where did he go then and why?

B *Beantworten Sie die folgenden Fragen:*

1. Wo wohnte August Fugger?
2. Wie reagierte er auf Gabrieles Worte?
3. Was duldete Herr Fugger nicht?
4. Wem erzählte Frau Fugger von den Plänen ihres Mannes?
5. Wann verließ Herr Fugger das Haus?
6. Wann rief Frau Fugger den Kommissar an?
7. Was für Leute verhörte der Kommissar?
8. Warum folgte Detektiv Weinstein Herrn Fugger in einiger Entfernung?
9. Warum stieg Weinstein nicht in die Straßenbahn?
10. Wen rief Weinstein an?
11. Was machten Musfeld und Bomberg sofort?
12. Wohin ging der Mann in der grauen Jacke, nachdem er den Fahrplan studiert hatte?

C *Complete the following passage with the correct form of the verbs in brackets. Use the **imperfect tense.***

Dr. Ernst Einbeck, ein berühmter Atomwissenschaftler, *(verlassen)* um 7.50 Uhr das Haus. Er *(steigen)* in seinen Wagen und *(fahren)* los. In seiner Tasche *(sein)* wichtige Dokumente. Die Ampel *(sein)* rot, und er *(warten)*. Neben ihm *(halten)* eine schwarze Limousine. Zwei Männer *(sitzen)* darin. Dr. Einbeck *(fahren)* zum Bahnhof. Die Männer *(folgen)* ihm. Dr. Einbeck *(parken)* sein Auto, *(gehen)* zum Fahrkartenschalter, *(kaufen)* sich eine Fahrkarte. Er *(studieren)* den Fahrplan. Sein Zug *(fahren)* um 8.44 Uhr. Er *(sehen)* auf die Uhr. Jetzt *(sein)* es 8.17 Uhr, er *(haben)* also noch etwas Zeit. Er *(setzen)* sich auf die Bank, *(nehmen)* die Zeitung aus der Tasche und *(anfangen)* zu lesen. Da *(kommen)* die zwei Männer. Der mit der Pistole *(sagen)*: "Kommen Sie schnell mit! Unser Boß will Sie sprechen."

Role Playing

Verena has missed her train and Udo wants to know why.

UDO	VERENA
Ask her when she left the house.	Say at ten past eight.
Ask if she took the bus to the station.	Say you went to the bus stop and the bus was just leaving before your very eyes.
Ask if there was a telephone box nearby.	Say yes and that you went in and phoned for a taxi.
Ask if the taxi did not come.	Say yes it did and that you had plenty of time when you arrived at the station.
Ask if she went into the book shop.	Say yes and that you found an interesting book and that is why you missed the train.

Sechstes Abenteuer:

Drohbriefe

Heinrich Wieland besitzt eine große Spielzeugfabrik. Er produziert Spielautos, Schiffe mit und ohne Motor und Hubschrauber. Er ist sehr erfolgreich. Sein Bruder Thomas hat sich auf Teddybären und Stofftiere spezialisiert. Aber Thomas ist faul und befindet sich dauernd in finanziellen Schwierigkeiten. Deshalb ist es oft zum Streit zwischen den beiden Brüdern gekommen.
"Aber das war vor einem Jahr," sagt Heinrich zu Kommissar Schlaufuchs.
"Jetzt ist alles vergeben und vergessen. Außerdem sind wir in der gleichen Lage. Seit einem Monat bekommen wir Briefe von einer Bande, die sich 'Wilder Tiger' nennt. Sie wollen Geld haben. Dieser Brief ist heute morgen mit der Post gekommen. Lesen Sie selbst!"

> Thomas, du zahlst uns 50 000 DM und dein Brüderchen Heinrich 100 000 DM. Besorgt euch kleine Banknoten. Ihr hört bald mehr von uns.
>
> Wilder Tiger

150 000

"Wollen Sie zahlen?" fragt der Kommissar.
"Nein, natürlich nicht. Warum sollte ich denn? Das sind ja Verrückte."
"Und was denkt Ihr Bruder Thomas darüber?"
"Thomas nimmt die Sache auch nicht ernst. Er hat gelacht, als er den Brief las und ist heute morgen nach Berlin gefahren. Er will dort drei Tage bleiben."
"Die Bande scheint ja gut informiert zu sein. Sie weiß, daß Ihr Bruder nicht so viel zahlen kann," sagt der Kommissar. "Wer wohnt bei Ihnen alles im Haus?"
"Da ist zunächst meine Familie, meine Frau Astrid und mein Sohn Reinhard. Reinhard ist Student und außerdem ein Playboy. Er verschwendet mein ganzes Geld. Jetzt hat er eine neue Freundin, die Gabi heißt und Tänzerin ist.
Und im ersten Stock des Hauses wohnt Bruder Thomas mit seiner Frau Caroline. Sie haben auch kein Glück mit ihrem Sohn. Paul ist Anarchist oder so etwas ähnliches und lebt in einer Kommune – na, Sie kennen ja den Typ. Wir haben ihn schon seit Wochen nicht mehr gesehen, und ich weine ihm keine Träne nach."

Der Kommissar erhebt sich. "Wir können im Augenblick wenig machen. Ich komme morgen wieder."
Am nächsten Tag ruft Heinrich Wieland den Kommissar um neun Uhr an. "In der Nacht hat die Bande meinen Schäferhund vergiftet. Er war ein erstklassiger Wachhund, der immer sofort Alarm schlug. Es ist schade um das schöne Tier. Und dann haben wir noch einen Brief vom 'Wilden Tiger' bekommen. Caroline fand ihn heute morgen um sechs Uhr in der Halle. Der Brief ist nicht mit der Post gekommen, sondern jemand muß ihn unter der Haustür hindurchgeschoben haben. Mir gefällt es gar nicht, daß die Bande nachts ums Haus schleicht."

Eine halbe Stunde später sitzt Kommissar Schlaufuchs in Heinrich Wielands Büro. Er nimmt den Brief, öffnet ihn und findet ein Foto von Paul und einen Zettel darin. Darauf steht:

> Wir haben Paul als Geisel. Zahlt sofort! Packt das Geld in einen Sack, und Thomas, und nur er allein, soll das Geld am Freitag um 23.10 Uhr zum alten Fischerhaus bringen. Nur dann werdet ihr Paul wiedersehen.
>
> Wilder Tiger

"Die Bande ist ja gefährlicher als ich dachte, das ist ja Erpressung. Ich glaube aber nicht, daß sie Paul wirklich haben," sagt Heinrich Wieland.

"Ich möchte gern mit den anderen Familienmitgliedern sprechen," sagt Kommissar Schlaufuchs. Heinrich Wieland ruft sie einzeln ins Büro.

Caroline: "Ja, das ist Paul auf dem Foto. Der arme Paul! Hoffentlich gibt ihm die Bande genug zu essen. Er ist doch so dünn! Natürlich müssen wir das Geld sofort zahlen."

Sohn Reinhard: "Gabi und ich waren gestern abend in einer Disko. Dort haben wir einen Typ gesehen, der wie Paul aussah. Als wir hineingingen, ist er sofort verschwunden. Ich glaube nicht, daß die Bande Paul entführt hat. Diese Briefe sind doch alle sehr kindisch."

In diesem Augenblick fährt ein roter Mercedes vor. Es ist Thomas, der von seiner Berlinreise zurückkommt. Heinrich klopft ans Fenster, und wenige Minuten später steht Thomas im Büro. Heinrich zeigt ihm den Brief.
Thomas erschrickt: "Was, den Paul haben Sie entführt? Wir sind ja nicht mehr sicher hier. Nachts schleichen diese Gangster ums Haus herum, vergiften den Hund, lassen den Brief hier. Wen werden sie als nächsten holen? Dich, Heinrich? Oder Caroline? Nein, wir müssen zahlen."

"Augenblick," sagt Kommissar Schlaufuchs. "Ich glaube, daß diese Bande gar nicht existiert. Einer hier im Hause ist der 'Wilde Tiger'. Ich habe da einen Verdacht."

FRAGE: Wer hat die Drohbriefe geschrieben, und was ist dem Kommissar aufgefallen?

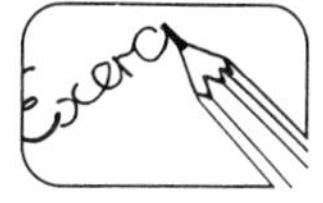

Exercises: Comprehension and Word Order

A *Answer the following questions:*

1. Why had the brothers quarrelled in the past?
2. What kind of letters did they receive and how did they react to them?
3. What do you hear about their respective sons, Reinhard and Paul?
4. What happened during the night?
5. Why does the letter that Caroline found cause great concern?

6. Who is against paying the ransom money and what are their reasons?

B *Beantworten Sie die folgenden Fragen:*

1. Was produziert Heinrich Wieland in seiner Spielzeugfabrik?
2. Wie lange bekommen die Brüder schon Briefe von dieser Bande?
3. Wie ist der Brief heute morgen ins Haus gekommen?
4. Wie hat Thomas auf den Brief reagiert?
5. Was weiß die Bande über Thomas' finanzielle Situation?
6. Wann ruft Heinrich Wieland den Kommissar wieder an?
7. Was ist in der Nacht passiert?
8. Was gefällt Heinrich Wieland gar nicht?
9. Wann soll Thomas das Geld zum Fischerhaus bringen?
10. Was für einen Typ hat Reinhard gestern in der Disko gesehen?
11. Was glaubt Kommissar Schlaufuchs?

C Ich glaube, daß …

The housekeeper is being questioned about the two Wieland brothers. She is not very sure about her answers and starts every sentence with: "Ich glaube, daß …"

Example: Kommissar: "Was für eine Fabrik besitzt Heinrich Wieland?"
Haushälterin: "Ich glaube, ***daß*** *er eine Spielzeugfabrik* ***besitzt****."*

1. Was für eine Fabrik besitzt Heinrich Wieland?
2. Worauf hat sich sein Bruder Thomas spezialisiert?
3. Ist Thomas auch erfolgreich?
4. Was will die Bande von den Brüdern haben?
5. Will Heinrich das Geld zahlen?
6. Wohin ist Thomas heute morgen gefahren?
7. Wie lange will er dort bleiben?

D *Change the word order:*

Rewrite the letter, starting each sentence with the underlined words.

Bremen, den 17. Juli

Liebe Ursel!

Ich habe Deinen Brief gestern bekommen. Vielen Dank! Ich habe mich sehr über das Foto von dir gefreut.
Zwei Familien wohnen bei uns im Haus. Wir wohnen unten, und Michael wohnt im ersten Stock mit seinen Eltern.
Michael hatte vor drei Wochen den Führerschein gemacht, und er ist natürlich sehr stolz darauf. Er hat das Auto gestern abend von seinem Vater bekommen. Er hat mich nach dem Abendessen abgeholt. Wir sind zuerst ins Kino gefahren. Der Film hat uns nicht besonders gut gefallen. Wir sind aber hinterher in eine Disko gegangen. Wir haben den ganzen Abend miteinander getanzt. Wir waren erst um Mitternacht zu Hause. Ich mag Michael sehr gern. Wir wollen am nächsten Samstag wieder zusammen ausgehen.

Viele Grüße
Deine Jutta

Role Playing

Paul and Annemarie discuss where they should go tonight.

PAUL	ANNEMARIE
Say you don't want to go to the disco tonight.	Ask why not.
Say it is too full and the music is too loud.	Ask where he wants to go.
Say you saw a poster of Reinhard Mey.	Ask who Reinhard Mey is.
Say he appears on T.V. He is a well-known singer and also plays the guitar.	Ask if he writes his own songs.
Say yes and he is very successful.	Say you would like to go and hear him singing.

Siebentes Abenteuer:

Showbusineß

Gustav Kasparov besitzt die Diskothek 'Romantica' in der Innenstadt. Die Diskothek ist jeden Abend voll, ganz besonders aber am Freitag und Samstag. Dann kommen die Teenagers mit ihren Motorrädern angefahren. Die Musik spielt sehr laut, denn so will es die Jugend von heute haben.

Gustav Kasparov wurde am Freitag nachmittag tot in seinem Büro aufgefunden. Kommissar Schlaufuchs faßt zusammen: "Inspektor Minke, als Sie um 15 Uhr das Büro von Kasparov betraten, war dieser bereits tot. Er saß in dem braunen Ledersessel links vom Fenster und hatte ein Messer in der Brust. Der Tod muß gegen 13 Uhr eingetreten sein, meinte der Arzt. Wann haben Sie mit Kasparov telefoniert?"

"Um 12.45 Uhr. Sie wissen wohl, daß Kasparov mit der Rauschgiftaffäre zu tun hatte, und deshalb wollte ich ihn sprechen. Was er am Telefon sagte, war völlig idiotisch. Darum bin ich ja mißtrauisch geworden."

Inspektor Minke holt sein Notizbuch aus der Tasche. "Als ich ihn anrief, hat er folgendes gesagt: 'Hier Kasparov ...ob ich Ihren Kater gesehen habe? Einen schwarzen Kater ... ja, heute morgen war ein schwarzer Kater in meinem Garten.... Sie wollen mich besuchen? Nein, das geht nicht. Ich muß nach Frankfurt ... ja, Frankfurt zu meiner Großmutter. Sie ist schwer krank. Es geht um Leben und Tod ...' Dann hörte ich noch ein Geräusch, und das Gespräch war zu

TOMCAT

Ende. Was Kasparov da sagte, war völliger Blödsinn. Ich habe überhaupt keine Katze und auch keinen Kater. Und daß Kasparov, der selbst über 60 Jahre alt ist, noch eine Großmutter hat, glaube ich auch nicht."

"Da haben Sie recht," sagt der Kommissar. "Ich glaube, Kasparov wollte Ihnen etwas sagen. Vielleicht war der Mörder schon im Zimmer? Haben Sie etwas Verdächtiges in seinem Büro gefunden?"

"Nein, nichts, das uns weiterhelfen könnte. In seinem Schreibtisch lagen alte Programmhefte, Listen mit den Namen und Adressen von Künstlern, Diskjokkeys, Musikern, Rundfunk- und Fernsehleuten. Dieses Plakat hatte er sich offenbar zuletzt angesehen. Sehen Sie, Herr Kommissar, die Ecke hier links unten ist abgerissen, und diese Ecke fanden wir in der Hand des Toten."

Kommissar Schlaufuchs schaut sich das Plakat genau an. Es ist das Plakat von einer Show, die vor einem Jahr stattgefunden hat. "Kennen Sie die Künstler, die an dem Programm mitgewirkt haben?"

"Selbstverständlich habe ich mich sogleich informiert," sagt Inspektor Minke.
"Dieter Degener ist ein bekannter Jongleur und Messerwerfer. Er ist ein Meister seiner Kunst und tritt oft im Fernsehen auf.

Martina Moritz und Leo Lenz sind Akrobaten. Sie ist sehr graziös, und seine Spezialität ist der Salto mortale. Vor ein paar Monaten war es zum Streit zwischen ihnen gekommen, aber jetzt arbeiten sie wieder zusammen in einem Zirkus.

'Tomcat' so nennt sich diese Rock Gruppe, die aus Hamburg kommt. Zu ihr gehören der Sänger Frank

Furth, der Gitarrenspieler Hanno Hartschuh und der Schlagzeuger Udo Ungert. Es sind ganz kompetente Musiker, die bekannte Songs spielen. Sie schreiben auch ihr eigenen Songs, haben aber damit wenig Erfolg.

Dann ist da noch der Sänger Benno Bungert. Vor zwei Jahren war seine Schallplatte 'Träume im Frühling' ein großer Hit. Seitdem hat er nichts mehr produziert.

Jeder von diesen Künstlern steht im Verdacht, in die Rauschgiftaffäre verwickelt zu sein," sagt Inspektor Minke.

"Einer von ihnen ist sogar des Mordens fähig," fügt Kommissar Schlaufuchs hinzu.

"Sie meinen, daß einer von diesen Künstlern..."
"Ja, ich glaube, daß Kasparov durch dieses Plakat auf seinen Mörder hinweisen wollte."
"Ist es Dieter Degener, der Messerwerfer?" ruft der Inspektor. Kommissar Schlaufuchs schüttelt den Kopf. "Nein, denken Sie mal nach. Kasparov hat in seinem Telefongespräch den Mörder sehr gut bezeichnet."

FRAGE: Wer war Gustav Kasparovs Mörder?

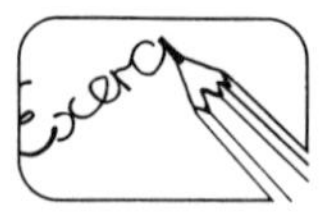

Exercises:
Comprehension and Past Tenses

A *Answer the following questions:*

1. What do we hear about the circumstances of Kasparov's death?
2. What did Kasparov tell the inspector on the telephone and why didn't it make sense?

3. What possible explanation is there?
4. What did the inspector find in Kasparov's hand?
5. Describe the group that took part in the show.
6. Who is Benno Bungert?

B *Beantworten Sie die folgenden Fragen:*

1. Wohin fahren die Teenagers mit ihren Motorrädern am Freitag und Samstag?
2. Wann ist Kasparov gestorben?
3. Wann hat Inspektor Minke mit Kasparov telefoniert?
4. Von welchem Tier hat Kasparov am Telefon gesprochen?
5. Warum ist es unwahrscheinlich, daß Kasparov noch eine Großmutter hat?
6. Was hat der Inspektor in Kasparovs Schreibtisch gefunden?
7. Wann hatte die Show stattgefunden?
8. Wo arbeiten die beiden Akrobaten jetzt?
9. Aus welcher Stadt kommt die Rock Gruppe?
10. Womit hat die Gruppe wenig Erfolg?

C *Complete the following passage with the correct form of the verbs in brackets. Use the* ***perfect or imperfect*** *tense as required.*

Am Freitag mittag hat Joachim mich *(anrufen)*, er *(wollen)* mit mir in die Diskothek. Ich habe 'ja' *(sagen)*. Joachim *(kommen)* dann so gegen 8 Uhr mit seinem Motorrad und hat mich *(abholen)*.
Es *(sein)* sehr voll in der Diskothek. Als wir *(eintreten)*, *(sehen)* wir Martina und Cornelia an einem Tisch in der Ecke sitzen. Wir haben ein paar Worte miteinander *(sprechen)*, dann haben Joachim und ich *(tanzen)*. Es *(spielen)* die Gruppe 'Blaues Veilchen'.

Ich *(kennen)* sie vom Fernsehen her. Sie *(gefallen)* mir sehr gut.
Plötzlich *(sein)* Joachim nicht mehr da. Ich *(werden)* mißtrauisch. Richtig, dort *(sitzen)* er bei Cornelia. Das *(finden)* ich gar nicht nett von Joachim; denn er war doch mit mir zur Disko *(gehen)*. Es ist zum Streit *(kommen)*, und seit der Zeit haben Joachim und ich nicht mehr miteinander *(sprechen)*.

Role Playing

Peter has met Richard Zell at a disco last night and wonders if Irmgard knows him.

PETER	IRMGARD
Ask if she knows Richard Zell.	Say of course, he is a student and drives a red BMW.
Ask if his father owns a factory.	Say yes, his father produces toys and is very successful.
Say you have seen Richard at a disco last night.	Say that Richard goes there nearly every night.
Ask if Richard is her boy friend.	Say no longer, and that you often quarrelled.
Ask why.	Say he is very lazy and wastes his father's money.

Achtes Abenteuer:

Der Pistolentrick

Peter Henneberg ist Reporter für die Zeitung *Buntes Blatt.* Am Dienstag morgen findet er einen Zettel auf seinem Schreibtisch. Darauf steht:

Sehr geehrter Herr Henneberg,
würden Sie bitte den beiliegenden Brief in Ihrer Zeitung veröffentlichen.

Mit freundlichem Gruß

Theoderich Tusmann

Peter Henneberg liest den Brief:

Liebe Leser!

Ich möchte Abschied von Ihnen nehmen, liebes Publikum. Die Welt hat mich enttäuscht, und so scheide ich freiwillig aus ihr. Wenn Sie diesen Brief in Ihrer Zeitung lesen, lebe ich schon nicht mehr. Aber auch nach meinem Tod kann ich noch zaubern. Glauben Sie mir nicht? Nun, ich werde es Ihnen beweisen. Folgendes wird passieren:

Durch einen Zeitungsreporter informiert, werden am Dienstag morgen zwei Polizisten die Tür zu der Wohnung des großen Magiers Theoderich Tusmani öffnen. Dort wird der Magier, in Frack und Zylinder, an seinem Schreibtisch sitzen; und nur ein ganz klein bißchen Blut kommt aus seiner rechten Schläfe. Ja, ich habe mich am Montag abend um 23.11 Uhr erschossen. Die Polizei wird die Pistole suchen. Sie ist nicht in meiner Hand, sie liegt auch nicht auf dem Schreibtisch. Nein, die Pistole wird fünf Meter von mir entfernt in einem Kasten liegen und von einem Seidentuch bedeckt sein. Wie wird sie dorthin kommen? Ja, das ist die Frage an Sie, verehrtes Publikum: Wie wird die Pistole, mit der sich der große Zauberer Theoderich Tusmani erschießt, in einen fünf Meter entfernten Kasten kommen?

Ihr Theoderich Tusmani

Peter Henneberg stutzt. Sollte das etwa wahr sein? Er wählt 110, die Nummer der nächsten Polizeiwache und spricht mit Inspektor Minke. Dann fährt er selbst zu der Adresse des Magiers.

Später berichtet Inspektor Minke Kommissar Schlaufuchs: "Wir haben Theodor Tusmani tot in seiner Wohnung gefunden und zwar genau so, wie er es beschrieben hat. Die Pistole, mit der er sich erschossen hat, liegt in einem Kasten am anderen Ende

des Zimmers. Der Polizeiarzt bestätigt, daß er gestern zwischen 22 und 23 Uhr gestorben ist."
"Wohnte er allein?" fragt der Kommissar.
"Ja, aber eine Nachbarin, eine herzensgute Frau, hat für ihn gesorgt. Sie hat uns auch die Adressen von drei Freunden gegeben, die ihn regelmäßig besucht haben."
"Laden Sie diese drei Freunde zu einer Sondervorstellung des großen Zauberers ein, heute abend um 21 Uhr. Sagen Sie niemandem, was passiert ist. Halt, einen Augenblick! Welche Farbe hatte das Seidentuch, das über der Pistole lag?"
"Rot."
"Nehmen Sie es weg, und legen Sie ein schwarzes Tuch in den Kasten."

Um 21 Uhr sind die Gäste in dem Wohn- und Arbeitszimmer des Magiers versammelt. Die Vorhänge sind vorgezogen. Nur eine kleine rote Lampe brennt. Inspektor Minke liest ihnen Tusmanis Abschiedsbrief vor.

Als erster spricht Henricus H., Tusmanis ehemaliger Assistent: "Ich kann es einfach nicht glauben. Theoderich war immer so lustig, der hat sich nicht selbst das Leben genommen. Vielleicht wollte jemand sein Geld haben. Der Meister was sehr reich. Früher hatte er viel Geld verdient."

Wilhelm T., ein Komiker, der weder Erfolg noch Geld hat: "Ich habe ihn vor einer Woche zum letztenmal gesehen, und da hat er mir eine merkwürdige Geschichte von seinem Freund, dem Zauberer Sebastian erzählt, der einen Pistolentrick hatte. Er brauchte dazu zwei Pistolen, eine scharfe, die geladen war und mit der er dreimal in die Luft schoß und eine andere. Einmal nun waren die Pistolen vertauscht, und Sebastian starb auf der Stelle. Wer hatte Schuld? Sebastian selbst oder sein Assistent? Jedenfalls verschwand der Assistent kurze Zeit später mit Sebastians Geld."

Rainer K., Besitzer einer Gaststätte, der sich dauernd in finanziellen Schwierigkeiten befindet: "In der letzten Zeit war Tusmani sehr deprimiert gewesen, weil er keinen Erfolg mehr hatte. Er wollte Publicity, die Leute sollten wieder von ihm sprechen. Deshalb schrieb er den Brief an die Zeitung. Und im Sterben hat er irgendwie die Pistole unter das rote Seidentuch in den Kasten 'gezaubert'. Das war sein letzter Trick."

"War es Selbstmord?" fragt Inspektor Minke. Kommissar Schlaufuchs schüttelt den Kopf. "Einer seiner Freunde hat sich verdächtig gemacht."

FRAGE: Wer war der Mörder, und wie hat er sich verdächtig gemacht?

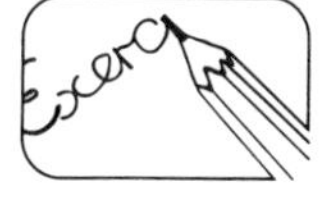

Exercises: Comprehension and Future Tense

A *Answer the following questions:*

1. What, according to his letter, will happen to Tusmani on Monday night?
2. What will be the magician's last magic trick?
3. Having read Tusmani's letter what does Peter Henneberg proceed to do?
4. Why does Henricus H. suspect foul play?
5. Why does Wilhelm T. tell the story about Sebastian's end?

6. What, according to Rainer K., were the reasons for Tusmani's suicide?

B *Beantworten Sie die folgenden Fragen:*

1. Wer ist Peter Henneberg?
2. Von wem nimmt der Zauberer Abschied in seinem Brief?
3. Wo wird der Zauberer am Dienstag morgen sitzen?
4. Wo wird die Pistole sein?
5. Wen ruft Peter Henneberg an?
6. Wohin fährt der Reporter dann?
7. Wer hat für Tusmani gesorgt?
8. Wohin legt der Inspektor das schwarze Seidentuch?
9. Um wieviel Uhr kommen die drei Freunde zu Tusmani?
10. Was glaubt Henricus H. nicht?
11. Wann hat Wilhelm T. Tusmani zum letztenmal gesehen?
12. Warum war Tusmani in letzter Zeit sehr deprimiert gewesen?

C *Complete the following sentences with the correct form of* ***werden****:*

Feriengespräche

1. Ich —— in den Ferien nach Spanien fahren.
2. —— du wieder nach Österreich fahren?
3. Wir —— in diesem Jahr nicht verreisen.
4. Was —— ihr machen?
5. —— Peter eine Radtour machen?
6. Ja, Peter und Werner —— mit dem Rad nach Holland fahren.

D *Complete the following letter with the correct form of the words in brackets.*

Edinburgh, den 23. Mai

Lieber Dieter!

In Deinem letzten Brief hast Du geschrieben, daB Du mit einer Schülergruppe nach Schottland kommen (werden). Welche Stadt (werden) die Gruppe besuchen? Wo (werden) Ihr wohnen, bei Familien oder in einem Hotel oder einer Jugendherberge? Mutti sagt, Du (können) ein paar Tage zu uns kommen. Ich (möchten) Dir gern Edinburgh zeigen. Wir (werden) uns die Burg ansehen, ind wir (können) auch in den Zoo gehen. (möchten) Du Tennis oder Federball spielen, oder (wollen) Du lieber schwimmen gehen?

Wie (werden) Ihr nach Schottland fahren? (werden) Ihr fliegen oder mit dem Bus oder dem Zug kommen? Schreibe mir doch bitte, wann Du ankommen (werden) und wie lange Du in Schottland bleiben (können). (müssen) Du immer zusammen bei Deiner Gruppe sein? Vielleicht (können) ich Dich sogar vom Bahnhof oder Flughafen abholen.

Ich freue mich schon sehr auf Deinen Besuch.

Viele GrüBe

Dein Kenneth

Role Playing

Herr Schultz has heard that his friend, the painter August Zille, has died during the night. He goes to see a neighbour.

NACHBARIN	HERR SCHULTZ
Ask if he is a newspaper reporter.	Say yes but also a friend of August Zille.
Say you cannot believe that August Zille is dead.	Ask when he died.
Say this morning between 5 and 6 o'clock.	Say that he had been a very successful artist.
Say that he never earned a lot of money.	Say that he was always cheerful..
Say that in the past few weeks he was depressed.	Say that you found a letter on his desk and that you want to publish it.

Neuntes Abenteuer:
Einladung zum Mittagessen

Wolf Kunze war der Besitzer von zahlreichen Imbißstuben in der Stadt. Er verkaufte Pommes frites, Bratwurst und Hähnchen. Das Geschäft florierte. Er war ein reicher Mann. Rolf Siebert, Reporter für die Zeitung *Tagesspiegel* hatte ihn um ein Interview gebeten. Wolf Kunze war einverstanden und hatte Herrn Siebert, seine Kollegin, die Reporterin Marianne Schönfeld, und seinen Geschäftsführer Klaus-Dietrich Schnurre zum Mittagessen eingeladen. Aber nur Marianne Schönfeld erschien pünktlich um 12.30 Uhr. Wolf Kunze empfing sie auf der Terrasse seines modernen Bungalows:
"Wie nett, daß Sie wenigstens da sind. Ihr Kollege, Herr Siebert, hat vor fünf Minuten angerufen. Er kann leider nicht kommen. Er muß wegen einer dringenden Sache noch heute nach Paris fliegen. Was darf ich Ihnen zu trinken anbieten, während wir auf meinen Geschäftsführer, Herrn Schnurre, warten? Martini mit Eis?"

Als Herr Schnurre nach einer halben Stunde immer noch nicht gekommen war, sagte Wolf Kunze: "Wir wollen mit dem Essen anfangen. Es gibt Forellen, und die dürfen nicht zu lange kochen. Meine Haushälterin ist schon ganz böse."

Auch als sie mit dem Essen fertig waren, war Herr Schnurre immer noch nicht erschienen. Wolf Kunze rief bei ihm an, und da erfuhr er, daß sein Geschäftsführer schon 18 Stunden lang tot war.

Kurze Zeit später kamen Inspektor Minke und Kommissar Schlaufuchs zu Wolf Kunze. "Man hat Klaus-Dietrich Schnurre gestern abend um 20.00 Uhr in seinem Büro erschossen. Der Mörder hat den Schreibtisch und den Bücherschrank durchwühlt. Wir vermuten, daß er irgendwelche Dokumente suchte. Vielleicht hat er auch Geld genommen."
Kommissar Schlaufuchs zeigte Marianne einen Brief. "Wir fanden ihn in der Tasche des Toten. Der Brief ist von Ihrem Kollegen Siebert. Lesen Sie ihn selbst."

Sehr geehrter Herr Schnurre!

Was Sie mir da über Wolf Kunzes Vergangenheit geschreiben haben, ist natürlich sehr interessant. Sollte er wirklich der große Schwindler Egon Reinert sein, der vor fünf Jahren spurlos verschwunden ist? Sie verstehen, ich brauche Beweise.

Ihr Rolf Siebert

"Haben Sie etwas von diesem Verdacht gewußt, Herr Kunze?" fragte der Inspektor.
Wolf Kunze lachte. "Nein, ich hatte nicht die geringste Ahnung. Aber mir soll es recht sein. So ein kleiner Skandal, das ist Publicity; das ist Reklame, die mich keinen Pfennig kostet, das hilft dem Geschäft. Den Leuten schmecken meine Pommes frites dann doppelt so gut."

"Und Sie, Fräulein Schönfeld, wußten Sie etwas von dieser Geschichte?" fragte der Kommissar.
"Rolf hatte wohl so etwas erwähnt, er hatte aber keine Namen genannt."
"Wo waren Sie gestern abend?" fragte der Inspektor.
"Ich? ... Ich war mit Rolf zusammen. Wir waren irgendwo und ... haben ein Glas Bier getrunken."
"Uns hat Herr Siebert gesagt, daß Sie zusammen in seiner Wohnung ferngesehen haben."
Marianne wurde rot. "Ach so, ja, wir haben ferngesehen."
"Herr Kunze, was haben Sie gestern abend gemacht?"
"Ich war mit meiner Freundin Josefine im Theater. Wir haben das Musical 'Hallo, Dolly!' gesehen. Die Adresse meiner Freundin ist ..."
"Später," unterbrach der Kommissar. Er traute den Freundinnen von Wolf Kunze nicht recht. "Am besten, wir lassen Rolf Siebert einmal herkommen."
"Das geht leider nicht," sagte Marianne. "Rolf ist nach Paris geflogen."
"Das war aber sehr plötzlich! Heute morgen haben wir mit ihm gesprochen, und da hat er nichts von diesem Trip gesagt," wunderte sich der Inspektor.

Kommissar Schlaufuchs ging dann in die Küche, um mit der Haushälterin zu sprechen.

"War Herr Kunze gestern abend zu Hause?" fragte er.
"Das weiß ich nicht," antwortete sie. "Ich wohne nämlich nicht hier, und gestern bin ich um fünf Uhr nach Hause gegangen."
"Und wann sind Sie heute morgen gekommen?"
"Wie gewöhnlich um neun Uhr. Zuerst habe ich aufgeräumt. Dann hat Herr Kunze mir drei Forellen in die Küche gebracht und gesagt, ich sollte sie zum Mittagessen kochen. Er hätte zwei Gäste eingeladen. Und dann ist doch nur die junge Dame gekommen, und die eine Forelle ist übriggeblieben."
Kommissar Schlaufuchs schüttelte den Kopf. "Da stimmt doch etwas nicht mit dem Mittagessen. Jemand hat sich verdächtig gemacht."

FRAGE: Was ist dem Kommissar aufgefallen?

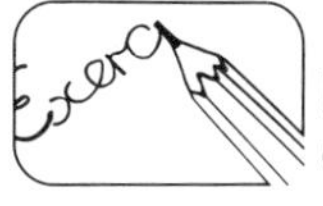

Exercises: Comprehension and Essay

A *Answer the following questions:*

1. Whom had Wolf Kunze asked for lunch and what was the purpose of the meeting?
2. Why was Rolf Siebert unable to come and how much warning did he give his host?
3. When did they start their lunch and why did Mr. Kunze not want to wait any longer?
4. What had happened at 8 o'clock the previous night?
5. What incriminating message did the letter contain?
6. How did Wolf Kunze react to the accusation?
7. What was Mr. Kunze's alibi?

B *Beantworten Sie die folgenden Fragen:*

1. Was konnte man in Herrn Kunzes Imbißstuben kaufen?
2. Welcher Gast erschien zuerst zum Mittagessen?
3. Um wieviel Uhr hatte Rolf Siebert angerufen?
4. Wie lange warteten sie auf den Geschäftsführer, Herrn Schurre?
5. Was gab es zum Mittagessen?
6. Was hatte der Mörder in Herrn Schnurres Büro gesucht?
7. Wo hatte der Kommissar den Brief gefunden?
8. Wo war Rolf Siebert gestern abend gewesen?
9. Was gab es gestern im Theater?
10. Wann ist die Haushälterin heute morgen gekommen?
11. Wieviele Forellen hat sie zum Mittagessen gekocht?

C *Write, in German, a story of 150 to 200 words based on the following summary.*

Wann kommen sie endlich?

Jutta und Jürgen haben Helga und Heinz zum Abendessen eingeladen. Schreiben Sie, was Jutta gekocht hat. Wer hat die Wohnung aufgeräumt, den Tisch gedeckt, den Wein oder das Bier in den Kühlschrank gestellt? Die Gäste kommen nicht. Jutta ist böse, Jürgen ruft an, erhält aber keine Antwort. Jutta und Jürgen sehen fern, fangen an zu essen. Endlich kommen Helga und Heinz. Erklärung: Heinz, der Reporter ist, mußte plötzlich nach Hamburg ...

Role Playing

Herr Ziegler has asked some friends for dinner. Frau Bach is the first to arrive.

HERR ZIEGLER	FRAU BACH
Greet her and say you are delighted that she is here.	Say that unfortunately your husband could not come.
Ask if he is ill.	Say no but that he had to fly to London because of urgent business.
Say you understand and ask what she would like to drink.	Say you would like a glass of wine.
Say you have also invited Mr. and Mrs. Behmke.	Ask if Mr. Behmke is a reporter for the *Tagesspiegel.*
Say no that is his brother. He is the manager of a small hotel.	Say you know the hotel and that you once had trout there.

Zehntes Abenteuer:

Rauschgift

Am Dienstag morgen wurde die Leiche eines siebzehnjährigen Jungen im See gefunden. Der Junge hieß Benno Wolters. Er hatte wahrscheinlich am Montag nachmittag im See geangelt und war dabei ins Wasser gefallen. Alle glaubten an einen tragischen Unfall, nur Kommissar Schlaufuchs hatte einen anderen Verdacht.

Inspektor Minke hatte soeben den Bericht des Polizeiarztes erhalten. "Sie hatten recht, Chef," sagte er zu Kommissar Schlaufuchs. Benno Wolters ist tatsächlich nicht ertrunken. Er starb an einer Überdosis an Heroin. Wahrscheinlich hat er sich selbst die tödliche Spritze gegeben, den 'Schuß', wie es im Jargon heißt. In seiner Jackentasche haben wir diese leere Spritze gefunden."

Der Kommissar sah sie sich genau an und bemerkte, daß die Zahl Zwei verkehrt herum gedruckt war.
"Wie ist die Leiche von Benno aber dann in den See gekommen?" wollte der Kommissar wissen.
"Diese Frage kann ich Ihnen beantworten," sagte Inspektor Minke stolz.
"Sie kennen doch die alte Ruine am Seeufer. Dort haben meine Leute Bennos Schultasche und auch drei kleine Päckchen mit Heroin gefunden. Vermutlich hat sich Benno auch da den 'Schuß' gegeben. Der andere hat dann Angst bekommen und die Leiche in den See geworfen. Das war nicht schwierig, weil das

Wasser unter der Ruine hindurchfließt. Er hoffte damit, einen Tod durch Ertrinken vorzutäuschen."
"Und wer ist dieser andere?" fragte der Kommissar.
"Das wissen wir leider noch nicht," sagte der Inspektor.
"Was haben Sie denn über Benno Wolters erfahren?" wollte der Kommissar wissen.
"Bennos Eltern sind natürlich sehr bestürzt. Aber sie scheinen sich nicht viel um ihren Sohn gekümmert zu haben. Der Vater ist Exportkaufmann und sehr viel unterwegs; und die Mutter, übrigens eine sehr charmante und attraktive Frau, scheint ihre eigenen Interessen zu haben. Die Familie wohnt erst seit einem Jahr in Hamburg. Benno hatte große Schwierigkeiten mit dem Schulwechsel. Er war ein schlechter Schüler. Die Lehrer klagten, daß er immer träumte und sich nicht konzentrieren konnte.
Er war viel allein, nur mit dreien von seinen Mitschülern hatte er auch außerhalb der Schule Kontakt. Ich habe alle drei besucht. Es handelt sich um ein Mädchen und zwei Jungen.

Ulrike Grubert ist ein sehr aktives Mädchen. Sie nimmt an allen Demonstrationen teil. Sie protestiert gegen den Bau von Atomkraftwerken und will mehr Rechte für die Schüler haben. Sie ist nicht dumm aber faul, macht ihre Hausaufgaben nicht und schwänzt oft die Schule. Abends kommt sie spät nach Hause. Ihre Eltern machen sich große Sorgen um sie. Sie geht viel in den Jugendklub, und in den letzten Wochen war sie einigemal mit Benno im Kino.

Frank Heller ist sehr gut in der Schule, besonders in Mathematik und Physik. Deshalb gibt er auch Benno zweimal in der Woche Nachhilfeunterricht. Eine Nachbarin hat gesehen, wie Benno sich am Montag nachmittag mit seiner Schultasche auf den Weg zu Frank gemacht hat. Frank aber sagt, daß er gar nicht zu Hause gewesen sei. Als wir Bennos Schultasche am See fanden, waren seine Hausaufgaben nur zum Teil gemacht und zwar mit so vielen Fehlern, daß Frank ihm bestimmt nicht geholfen hatte.

Franks Vater ist Arzt. Wenn er wollte, könnte Frank sich ohne große Schwierigkeiten Heroin beschaffen.

Richard Behnke bastelt gern. Am liebsten baut er Modellschiffe. Er sitzt oft stundenlang in der Nähe der Ruine und läßt seine Schiffe auf dem See schwimmen. Hier habe ich ein Modell von ihm mitgebracht. Es ist ein Passagierschiff, und das Deck ist aus kleinen Plastikröhren gebaut, die er zerschnitten hat. Er ist wirklich ein geschickter Junge."

Kommissar Schlaufuchs schaute sich das Schiff genau an. Auf manchen Teilen konnte er die Zahlen noch erkennen, und die Zwei war verkehrt herum gedruckt.

"Wenn Richard in den Jugendklub geht," fuhr der Inspektor fort, "ist er meistens mit Ulrikes Clique zusammen. Er ist sehr beliebt, weil er immer Geld hat. Aber niemand weiß genau, wie er zu diesem Geld kommt."

Kommissar Schlaufuchs überlegte einen Augenblick, dann sagte er: "Sie haben gute Arbeit geleistet, Inspektor Minke. Eine oder einer von diesen dreien hat Benno das Heroin und die Spritze gegeben."

FRAGE: Wen meint der Kommissar und warum?

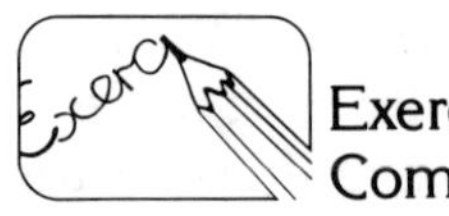

Exercises: Comprehension and Essay

A *Answer the following questions:*

1. What had seemed to be the likely cause of Benno's death? But what was learned by the autopsy?
2. Where did Benno die and what evidence did the police find there?
3. What do we hear about Benno's parents?
4. What are Ulrike's interests?
5. How often did Benno go to Frank's house and what did he do there?
6. What is Richard's hobby and what kind of material does he use?

B *Beantworten Sie die folgenden Fragen:*

1. Was war am Montag nachmittag passiert?
2. Woran war Benno gestorben?
3. Was war in seiner Jackentasche?
4. Wo haben die Polizisten drei Päckchen mit Heroin gefunden?
5. Wie hat 'der andere' auf Bennos Tod reagiert?
6. Warum konnte sich Bennos Vater nicht viel um seinen Sohn kümmern?
7. Warum klagten Bennos Lehrer über ihn?
8. Wofür interessiert sich Ulrike nicht, und wie zeigt es sich?
9. Warum machen sich Ulrikes Eltern große Sorgen um sie?
10. In welchen Fächern war Frank besonders gut?
11. Warum ist Richard im Jugendklub beliebt?

C *Write, in German, a story of 150 to 200 words based on the following summary.*

Helmut findet eine Freundin

Helmut hatte früher in Stuttgart gewohnt. Die Familie ist vor drei Wochen nach Hamburg gezogen, der Vater hat dort eine bessere Stellung bekommen. Helmut ist viel allein, hat keine Freunde, hat Schwierigkeiten in der Schule. Er geht zum See, um zu angeln; er trifft Ulla, sie sprechen miteinander, sie haben dasselbe Hobby – welches? Von nun an treffen sie sich oft, machen Hausaufgaben zusammen, gehen in den Jugendklub.

Role Playing

Two teachers are talking about one of their pupils, Martin Franke.

HERR KLUGE	FRAU RUNGE
Ask what his father's occupation is.	Say he is an export salesman and travels a lot.
Ask if his mother is also working.	Say no but she seems to have her own interests and she has not much time for Martin.
Ask how long Martin has been living in Hamburg.	Say that he has been here for a year.
Ask why Martin is not good at school.	Say he is a dreamer and cannot concentrate.
Ask if he has private tuition.	Say that twice a week he goes to see a friend and they do their homework together.

VOKABELN

1. Der Fleischpudding

der Fleischpudding	meat pie
die Hälfte (-n)	half
sterben (stirbt, starb, ist gestorben)	to die
das Gift (-e)	poison
der Nervenzusammenbruch	nervous breakdown
nicken	to nod
sauber/machen	to clean
ab und zu	now and again
schwerreich	exceedingly rich
kaum	hardly
der Verwandte (-n)	relative
jemand	somebody
besitzen	to possess
mit den Achseln zucken	to shrug one's shoulders
etwas Verdächtiges	something suspicious
lüften	to air
das Mahl	meal
der Vetter (-)	cousin (male)
vergiften	to poison
die Nichte (-n)	niece
sie ist hinter Onkels Geld her	she is after uncle's money
ab/warten	to wait for, await
ich mochte sie nie leiden	I could never stand her
verdächtig	suspect, suspicious

2. Das Versteck

das Versteck (-e)	hide-out
überfallen (überfällt, überfiel, überfallen)	to raid
die Filiale (-n)	branch
entkommen (entkam, ist entkommen)	to escape
stolpern	to stumble, trip
der Kassenraum	main hall (in a bank)
fest/halten (hält fest, hielt fest, festgehalten)	to stop, detain
ein/treffen (trifft ein, traf ein, ist eingetroffen)	to arrive
im Stich lassen	to desert
verraten (verrät, verriet, verraten)	to betray
der Wohnblock (-s)	block of flats
der Streifenwagen (-)	(police) patrol car
gelingen (gelang, ist gelungen)	to succeed
fest/nehmen (nimmt fest, nahm fest, festgenommen)	to arrest
die Spur	trace
zufällig	by chance
sicherheitshalber	to be sure
ehrlich	honest
auf/fordern	to ask
der Mieter (-)	tenant
der Müll	rubbish, refuse
die Mülltonne(-n)	dust-bin
die Geschwindigkeit (-en)	speed
verschwinden (verschwand, ist verschwunden)	to disappear
der Plastikbeutel (-)	plastic bag
durchsuchen	to search
auf/nehmen (nimmt auf, nahm auf, aufgenommen)	to lift

ab/klopfen	to knock at, tap
das Treppenhaus (¨-er)	staircase

3. Ein frecher Kerl

frech	impudent
der Kerl (-e)	rascal
fluchen	to swear, curse
klauen	to steal
die Schublade (-n)	drawer
sich einmischen in	to interfere
behalten (behält, behielt, behalten)	to keep
jemandem kündigen	to dismiss someone
der Ärger	trouble
der Zeuge (-n)	witness
der Geizhals	miser
in Zukunft	in future
weg/schließen (schloß weg, weggeschlossen)	to lock up
berichten	to report
der Diebstahl (¨-e)	theft
zu/geben (gibt zu, gab zu, zugegeben)	to admit
die Münzsammlung (-en)	coin collection
bemerken	to notice
melden	to report
das Kinderspiel	child's play
die Kneipe (-n)	pub
selten	rare
die Versicherung (-en)	insurance
erhöhen	to increase
es geht ihm um	he is concerned about
gebildet	educated
dämlich	stupid
früher	former

sich rächen	to take revenge
der Mammonsdiener	worshipper of Mammon (i.e. wealth)
deponieren	to deposit
der Kleptomane (-n)	kleptomaniac
vergleichen (verglich, verglichen)	to compare
beschädigt	damaged

4 Kokoschka ist verschwunden

Oskar Kokoschka	modern painter (1886-1979)
der Kunsthändler	art dealer
die Ausstellung (-en)	exhibition
echt	genuine
die Fälschung (-en)	fake
von Anfang an	from the beginning
die Malerei	painting
die Kunstgeschichte	history of art
der Kenner (-)	expert, connoisseur
zurück/behalten (behält zurück, behielt zurück, zurückbehalten)	to keep back
auf/passen	to watch, pay attention
der Verdacht	suspicion
beweisen	to prove
geflickt	patched
einen Vortrag halten	to give a lecture
beeinflussen	to influence
das Viereck (-e)	square
der Kreis (-e)	circle
an/fassen	to touch
der Maler (-)	painter
zur Zeit	at present

arbeitslos	unemployed
halten für (hält, hielt, gehalten)	to take for
leicht	easily
den Kopf schütteln	to shake one's head
der Schwindler (-)	swindler

5. Die seltsame Postkarte

der Bankier	banker, financier
die Villa (pl. Villen)	villa, mansion
der Stadtrand	outskirts (of a town)
der Drohbrief (-e)	threatening letter
schnappen	to catch
hinzu/fügen	to add
beschützen	to protect
ich halte nichts von	I don't think much of
wütend	furious
ein Gefangener	prisoner
erschreckt	alarmed, startled
dulden	to tolerate
die Widerrede	contradiction
der Tyrann (-en)	tyrant
erfolgreich	successful
ohne Wissen ihres Mannes	unknown to her husband
der Finanzmann	financier
der Witz (-e)	joke
ab/stempeln	to stamp, postmark
verhören	to interrogate
benachrichtigen	to inform
in einiger Entfernung	at some distance
zum Glück	fortunately
auf gut Glück	on the off-chance
jemandem Bescheid geben	to let someone know, tell someone
über Funk	by radio

die Menge	crowd
vergebens	in vain
die Stirn runzeln	to frown
notieren	to note down
auf/fallen (fällt auf, fiel auf, ist aufgefallen)	to notice
der Entführer (-)	kidnapper

6. Drohbriefe

die Spielzeugfabrik (-en)	toy factory
das Stofftier (-e)	soft toy
sich befinden	to find oneself
finanzielle Schwierigkeiten	financial difficulties
der Streit	quarrel
vergeben und vergessen	forgiven
in der gleichen Lage sein	to be in the same boat
die Bande (-n)	gang
sich besorgen	to get, obtain
ein Verrückter	mad man
die Sache ernst nehmen	to take a thing seriously
zunächst	to begin with
Geld verschwenden	to waste money
der Anarchist (-en)	anarchist
so etwas ähnliches	something similar
die Kommune (-n)	commune
jemandem keine Träne nachweinen	to shed no tears for someone
sich erheben (erhob, erhoben)	to get up
der Schäferhund (-e)	alsatian
Alarm schlagen (schlägt, schlug, geschlagen)	to raise the alarm
hindurch/schieben (schob, geschoben)	to slip under
schleichen (schlich, ist geschlichen)	to prowl

der Zettel (-)	note
die Geisel (-n)	hostage
die Erpressung (-en)	extortion
das Familienmitglied (-er)	member of a family
einzeln	individually
entführen	to kidnap
kindisch	childish
erschrecken (erschrickt, erschrak, erschrocken)	to be startled, alarmed

7. Showbusineß

zusammen/fassen	to sum up
betreten (betritt, betrat, betreten)	to enter
bereits	already
ein/treten (tritt ein, trat ein, ist eingetreten)	to occur
die Rauschgiftaffäre (-n)	drug case
mißtrauisch werden	to become suspicious
das Notizbuch (¨er)	notebook
der Kater (-)	tom-cat
es geht um Leben und Tod	it is a matter of life and death
das Geräusch (-e)	noise
das Gespräch (-e)	conversation
der Blödsinn	nonsense
das Programmheft (-e)	programme
der Künstler (-)	artist
der Rundfunk	radio
das Plakat (-e)	poster
offenbar	obviously
die Ecke (-n)	corner
ab/reißen (riß ab, abgerissen)	to tear off
statt/finden (fand statt, stattgefunden)	to take place

mit/wirken	to take part
selbstverständlich	naturally
bekannt	well-known
der Jongleur (-e)	juggler
der Meister (-)	master
die Kunst (¨e)	art
auf/treten (tritt auf, trat auf, ist aufgetreten)	to appear
der Akrobat (-en)	acrobat
graziös	graceful
der Salto mortale	somersault
gehören	to belong
der Schlagzeuger (-)	percussionist
eigen	own
verwickelt sein	to be involved
fähig	capable
hin/weisen (wies hin, hingewiesen)	to point to
bezeichnen	to indicate
betonen	to stress

8. Der Pistolentrick

beiliegend	enclosed
veröffentlichen	to publish
Abschied nehmen	to bid farewell
das Publikum	audience
enttäuschen	to disappoint
scheiden (schied, ist geschieden)	to part
freiwillig	voluntary
zaubern	to conjure
beweisen	to prove
der Frack	dress-suit, tailcoat
der Zylinder (-)	top-hat
die Schläfe (-n)	temple

entfernt	at a distance of
der Kasten (¨)	box, case
das Seidentuch (¨er)	silk cloth
bedeckt	covered
verehrtes Publikum!	Ladies and Gentlemen!
der Zauberer (-)	magician
stutzen	to be puzzled
wählen	to dial
der Magier (-)	magician
bestätigen	to confirm
herzensgut	kind-hearted
sorgen für	to look after
die Sondervorstellung (-en)	special performance
versammeln	to assemble
der Vorhang (¨e)	curtain
vor/ziehen (zog vor, vorgezogen)	to draw
ehemalig	former
lustig	cheerful
merkwürdig	strange
laden (lädt, lud, geladen)	to load
vertauschen	to change round
auf der Stelle	on the spot, immediately
wer hatte Schuld?	whose fault was it?
verschwinden (verschwand, ist verschwunden)	to disappear
der Besitzer (-)	proprietor
deprimiert	depressed
sich verdächtig machen	to arouse suspicion
erwähnen	to mention

9. Einladung zum Mittagessen

die Imbißstube (-n)	snack bar

das Hähnchen (-)	chicken
florieren	to flourish
einverstanden sein	to agree
der Geschäftsführer (-)	manager
empfangen (empfängt, empfing, empfangen)	to receive, welcome
die dringende Sache	urgent business
an/bieten (bot an, angeboten)	to offer
die Forelle (-n)	trout
erfahren (erfährt, erfuhr, erfahren)	to learn
durchwühlen	to ransack
vermuten	to suppose, assume
die Vergangenheit	past
spurlos	without leaving a trace
der Beweis (-e)	proof, evidence
ich hatte nicht die geringste Ahnung	I had not the faintest notion
mir soll es recht sein	that's all right with me
erwähnen	to mention
rot werden	to blush
trauen	to trust
das geht nicht	that's impossible
auf/räumen	to tidy up
übrig/bleiben (blieb übrig, ist übriggeblieben)	to be left over
da stimmt etwas nicht	there is something wrong
auf/fallen (fällt auf, fiel auf, ist aufgefallen)	to notice

10. Rauschgift

das Rauschgift	drugs
die Leiche (-n)	body
tatsächlich	actually

ertrinken (ertrank, ist ertrunken)	to drown
die Überdosis	overdose
tödlich	fatal
die Spritze (-n)	injection
leer	empty
verkehrt herum	back to front
drucken	to print
die Ruine (-n)	ruined house
vor/täuschen	to fake
erfahren (erfährt, erfuhr, erfahren)	to learn, hear
bestürzt	dismayed
sich kümmern um	to look after
der Exportkaufmann	export salesman
unterwegs sein	to travel
der Schulwechsel	change of school
klagen	to complain
sich konzentrieren	to concentrate
es handelt sich um	it is a question of
teil/nehmen (nimmt teil, nahm teil, teilgenommen)	to take part in
der Bau	building
das Atomkraftwerk (-e)	nuclear power station
das Recht (-e)	right, privilege
die Schule schwänzen	to play truant
sich Sorgen machen um	to worry
der Nachhilfeunterricht	private tuition
zum Teil	partly
sich beschaffen	to obtain
basteln	to do handicraft
das Rohr (-e)	tube
geschickt	skilful
beliebt	popular
überlegen	to consider
gute Arbeit leisten	to do a splendid job

Auflösungen

Der Fleischpudding

Der Verdacht liegt auf dem Vetter Hugo Lau. Er hat gesagt: "...Ist nachts denn jemand ins Haus gekommen, der das Gift in den Pudding getan hat?" Woher wußte er, daß Joseph Böhm den Pudding *nachts* gegessen hatte?

Das Versteck

Kommissar Schlaufuchs denkt an die Mülltonnen, die bei den Garagen stehen. Bevor sie das Auto holten, konnten die Bankräuber die Plastikbeutel mit den Banknoten schnell in die Mülltonne werfen, ohne viel Zeit zu verlieren.

Ein frecher Kerl

Dem Kommissar sind zwei Sachen aufgefallen: (1) Herr Wismann hatte die Versicherung für seine Münzsammlung vor drei Tagen erst erhöht. (2) In dem zweiten Brief sind viele Fremdwörter (Mammon, Safe, deponiert, professionell, Kleptomane), die Josef bestimmt nicht kannte. Herr Wismann aber war intelligent und gebildet.

Kokoschka ist verschwunden

Antonio Marinetti ist der Schwindler. Oskar Kokoschka (1886-1979) lebte später als van Gogh (1853-90), konnte ihn also gar nicht beeinflussen, und Gustav Mahler war ein Musiker.

Die seltsame Postkarte

Der erste Detektiv hieß Weinstein. August Fugger hatte zweimal auf seine Karte die Worte geschrieben "wie Einstein", damit wollte er bestimmt auf Weinstein als seinen Entführer hinweisen.

Drohbriefe

Thomas Wieland hat die Drohbriefe geschrieben, weil er das Geld braucht. Er war angeblich drei Tage in Berlin und ist sofort nach seiner Rückkehr ins Büro gegangen. Woher wußte er, daß der Hund vergiftet wurde und daß der Brief nachts ins Haus kam?

Showbusineß

In seinem Telefongespräch hat Kasparov die Wörter *Kater* und *Frankfurt* betont. Die Rock Gruppe heißt 'Tomcat', also *Kater.* Frank Furth, der Sänger der Gruppe war sein Mörder.

Der Pistolentrick

Rainer K. hat sich verdächtig gemacht. Nur der Mörder konnte wissen, daß das Seidentuch rot war. In dem Brief von Tusmani war die Farbe nicht erwähnt, und der Inspektor hatte statt des roten ein schwarzes

Tuch in den Kasten gelegt. Im Halbdunkel des Zimmers war die Farbe nicht deutlich zu sehen.

Einladung zum Mittagessen

Wolf Kunze hatte drei Gäste eingeladen: Marianne Schönfeld, Rolf Siebert und Klaus-Dietrich Schnurre. Er hatte seiner Haushälterin aber nur drei Forellen und nicht vier gebracht (er selbst wollte ja auch eine essen). Wolf Kunze konnte nicht wissen, daß Rolf Siebert plötzlich nach Paris flog. Nur der Mörder wußte, daß Klaus-Dietrich Schnurre tot war und nicht zum Mittagessen kommen konnte. Also war Wolf Kunze der Mörder.

Rauschgift

Richard Behnke bastelte seine Modellschiffe aus Plastikröhren, leeren Spritzen, auf denen die Zwei verkehrt herum gedruckt war. So eine Spritze hatte die Polizei auch in Bennos Tasche gefunden. Außerdem verdiente Richard sich sein Geld wohl mit Rauschgifthandel. Er hatte Benno das Heroin gegeben.